# 십대생활 *Bible Study*
## 다듬기 2

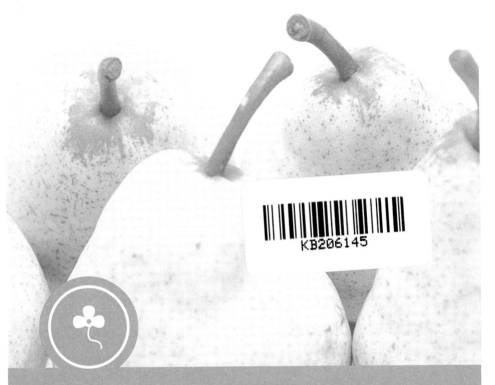

## 십대2

성 | 혼전순결 | 자살 | 경쟁 | 따돌림
스트레스 | 술 | 충고 | 뉴에이지 | 좋은자녀

gtm _ 권지현 지음

# 글로벌틴 성경공부의 구성과 사용법

글로벌틴 성경공부는 크게 마음열기, 생각하기, 나의 이야기로 구성되어 있습니다. 이 세 가지 부분의 목적을 숙지하여 진행하시면 효과적인 성경공부에 도움이 됩니다.

 마음열기

'마음열기'는 구성원들의 입이 열리게 하고, 그날의 주제에 대해 관심이 열리게 하는 데 목적이 있습니다.

우선 '먼저읽기' 지문을 읽습니다. 이것은 '마음열기' 질문에 쉽게 답할 수 있도록 준비된 것입니다. 그리고 나서 마음열기 질문에 대해 구성원들이 돌아가면서 대답을 하게 합니다. '마음열기'는 대단히 중요한 단계입니다. 여기서 대화와 관심이 열리게 되면, 이후의 진행에서 학생들이 자발적으로 참여하는 즐거운 성경공부가 가능케 되기 때문입니다. 시간은 5분(전체 30분일 경우) 정도가 좋습니다.

 생각하기

'생각하기'는 그날의 주제에 대한 성경의 가르침이 무엇인지 배우고 확신하는 데 목적이 있습니다. 글로벌틴 주제별 시리즈에서는 전달자에 의한 편차를 최소화하고, 많은 내용을 보다 효과적으로 전달할 수 있게 하기 위해 중요한 부분만 괄호처리하고, 나머지는 다 해설과 함께 서술해 두었습니다. 그러므로 긴 부가설명이나 파생된 주제 언급 없이 최대한 교재 내용 전달에만 집중해 주시면 충분한 교육효과가 나타나게 될 것입니다. 시간은 15-20분(전체 30분일 경우) 정도가 적당합니다.

 나의 이야기

'나의 이야기'의 목적은 오늘 공부한 내용을 구성원들 개인의 상황에 구체적으로 적용시키는 데 있습니다. 그러므로 이 부분은 그날 공부에 대한 총 결산이라고 할 만큼 중요한 부분입니다. 그러므로 인도자는 구성원 한명 한명이 개인적인 적용을 할 수 있도록 격려해야 합니다. 시간은 5분 이상(전체 30분일 경우)이 적당합니다.

*글로벌틴 주제별시리즈는 개역개정판 성경을 사용하고 있습니다.

# 십대2
# Contents

# 성에 대한 거짓말들

성은 하나님이 주신 아름다운 선물입니다. 하지만, 동시에 그것은 나이아가라 폭포처럼 너무 강렬한 것이기에 주의를 기울여야 합니다. 성은 결혼, 곧 다른 사람과 맺을 수 있는 가장 가치 있고, 지속적이고, 강력한 관계 안에서 존경과 즐거움과 기쁨 그리고 경외심을 가지고 이루어져야 합니다.

그렇게 되면 이것은 삶에 안정감과 평화, 힘과 활력소를 주고, 두 사람의 관계를 공고하게 묶어주는, 더할 나위 없이 신비한 것이 될 것입니다. 하지만, 성이 하나님의 뜻대로 사용되지 않을 때에는 그것은 어둠과 파멸, 죽음을 가져오는 도구가 되는 것입니다.

 마음열기

나는 성에 대해 얼마나 알고 있다고 생각합니까? 표시해 봅시다.

☐ 잘 안다　　☐ 좀 안다
☐ 별로 모른다 ☐ 전혀 모른다

 생각하기

우리는 매스컴과 인터넷의 보급으로 성의 홍수 속에 살고 있습니다. 그것은 성에 대해 많은 주장을 하고 있습니다. 그러나 그 가운데 거짓말들이 많이 숨어 있습니다.

## 1. 첫 번째 거짓말 – 성은 관계를 더 ☐☐ 하게 해준다

자기가 병이 날 정도로 연모하던 여인 다말을 억지로 겁탈하고 나자 암논의 마음은 어떻게 변하게 되었습니까?

삼하 13:14~15 암논이 그 말을 듣지 아니하고 다말보다 힘이 세므로 억지로 그와 동침하니라 그리하고 암논이 그를 심히 미워하니 이제 미워하는 미움이 전에 사랑하던 사랑보다 더한지라 암논이 그에게 이르되 일어나 가라 하니

온전한 사랑이 없는 상태에서 이루어지는 성관계는 보통 자신과 상대방에 대해 어색함과 분노를 느끼게 합니다. 또 성관계를 가지게 되면 '이제 시작이다'라고 생각하는 여자와는 달리, 남자는 '모두 끝났다'라고 느끼고 상대방에 대한 관심이 식게 됩니다. 또 만남이 성행위로만 기울어지기 때문에 데이트하는 즐거움이 퇴색해버리고 맙니다. 그러다 보면 친밀해지기는커녕, 관계가 점점 더 악화되고 파괴적이 됩니다.

## 2. 두 번째 거짓말 – 성적인 자유는 삶을 [ ][ ]롭게 만든다

지혜자는 유혹을 받아 음녀에게 들어가는 소년을 어떻게 묘사하고 있습니까?

잠 7:22 젊은이가 곧 그를 따랐으니 소가 도수장으로 가는 것 같고 미련한 자가 벌을 받으려고 쇠사슬에 매이러 가는 것과 같도다

성관계를 갖기 시작하면 끝없는 고민에 사로잡히게 됩니다. '상대방이 진정 자기를 사랑하는가? 아니면 단지 함께 자기만을 원하는 것인가?', '언제까지 이 관계가 지속될까?', '임신이라도 하게 된다면?', '부모님이 알게 되면 뭐라고 하실까?' 등등. 또 서로에게 지나친 집착과 소유욕을 갖게 되어 상대가 남에게 조금만 친절을 보여도 안정을 잃고 안절부절 못하게 됩니다. 그뿐만 아니라 남들과 어울리는 일이 점점 더 어렵게 되고 자기가 하고 싶어하는 일도 제대로 못하게 됩니다. 성적인 방종에는 결코 자유가 없습니다.

## 3. 세 번째 거짓말 – 정말 서로 [ ][ ]하는 사이면 성관계를 가져도 상관없다

야곱은 라헬에 대한 진실한 사랑을 어떻게 표현했습니까?

창 29:20 야곱이 라헬을 위하여 칠 년 동안 라반을 섬겼으나 그를 사랑하는 까닭에 칠 년을 며칠 같이 여겼더라

가치 없는 것은 금방 얻을 수 있습니다. 하지만, 정말 귀한 것은 많은 대가를 지불하고 또 오랜 기다림이 있은 후에만 얻을 수 있습니다. 참사랑은 서로를 더 소중한 존재로 만드는 것입니다. 그러므로 정말 사랑하는 사이라면 서로의 가치를 평가절하시키는 혼전 관계를 더더욱 피하게 됩니다. '나는 너를 너무 사랑하기 때문에 더 이상 참을 수 없다' 라고 말하는 것은 참사랑이 아닙니다.

## 4. 네 번째 거짓말 – 성은 스포츠처럼 아무런 [ ]가 없다

성경은 음행만큼 우리의 육체와 인격과 영혼에 악영향을 미치는 죄악이 없다고 지적하고 있습니다.

고전 6:18 음행을 피하라 사람이 범하는 죄마다 몸 밖에 있거니와 음행하는 자는 자기 몸에 죄를 범하느니라

많은 청소년이 지금도 충동적인 성행위 뒤에 오는 자기혐오와 죄책감에서 빠져나오지 못하고 괴로워하고 있습니다. 또 혼외정사로 태어난 천문학적인 사생아들, 임신한 채 버림받은 많은 어린 소녀들, 매년 수천만 건에 달하는 낙태수술, 그리고 에이즈…. 잘못 사용되는 성처럼 인류에 무서운 해를 끼치는 것은 없습니다.

## 5. 순결한 결혼의 아름다움

아름다운 성을 위한 최고의 환경은 순결한 결혼입니다.

창 2:21~25 이러므로 남자가 부모를 떠나 그의 아내와 합하여 둘이 한 몸을 이룰지로다 아담과 그의 아내 두 사람이 벌거벗었으나 부끄러워하지 아니하니라

오직 순결한 결혼관계에서만 두 사람은 어떤 죄의식도 없이 육체적, 정서적, 영적으로 온전한 하나 됨을 체험할 수 있습니다. 그리고 여기서 얻는 기쁨은 강하고도 건강한 것이어서 가족을 단결시키고, 위기를 극복하고, 가정을 행복한 안식처로 만드는 강력한 에너지가 됩니다.

그러므로 우리는 아름다운 결혼을 위해 힘써 순결을 지켜나가야 합니다.

하나님은 진심으로 회개하는 자에게 또 다시 흰 눈보다 더 순결하게 되는 은혜를 베푸십니다.

 나의 이야기

■ 오늘 공부를 통해 바른 성에 대해 새롭게 알게 된 사실이나 회개하고 버려야 할 잘못된 성적인 습관이 있다면 무엇입니까?

정답 | ①친밀 ②자유 ③사랑 ④해

# 에로스에 대한
# 몇 가지 거짓말

에로스는 이 시대에 가장 많이 기만되고 있는 사랑의 한 유형입니다.

성욕이 곧 사랑이라는 것은 거짓입니다. 성적인 욕망은 사랑에 의해서 자극되기도 하지만 참 사랑에서 나오는 성은 부드러움과 상대방에 대한 배려에 의해 움직입니다. 사랑 없는 성은 사랑이 아니고 자학이나 폭력일 뿐입니다.

성 관계가 사랑을 깊게 한다는 것은 거짓입니다. 미성숙한 사랑의 육체관계는 순간적으로는 그들이 하나 되었다는 착각을 가지게 하지만 결국 이전과 똑같이 미숙한 사람 그대로 놓아두는 것입니다. 그래서 이 같은 성관계는 서로를 부끄럽게 하거나 미워하게 하고 그 전보다 더 명백히 정떨어지게 만들게 됩니다.

성적인 방종에 행복이 있다는 것은 거짓입니다. 사랑 없이 쾌락을 추구하는 사람은 점점 더 선정적이고 외설적인 것들을 찾게 됩니다. 그리고 이처럼 추잡한 것을 오래 대하다 보면 세상은 온통 사악하고 메스꺼운 것으로 꽉 차있다는 생각에 사로잡히게 됩니다. 슬며시 문을 열고 들어온 성적인 욕망은 결국 인간성을 파괴하고 죽음에 이르게 하는 괴물이 되는 것입니다.

성적인 만족은 기교로 얻을 수 있다는 것은 거짓입니다. 인간은 결코 육체만의 존재가 아닙니다. 참된 기쁨은 더욱 높고 건전한 곳에 있습니다. 그것은 진정한 사랑과 용납 그리고 이해 안에서 얻어지는 하나님이 주시는 기쁨입니다.

성적인 욕구는 억제할 수 없다는 것은 거짓입니다. 현대문화는 '사랑이란 억제할 수 없는 감정에 의해서 불같이 일어나는 것'이라고 떠들어 댑니다. 하지만, 성적인 사랑은 본질적으로 가장 의지적인 것이 되어야 합니다. 누군가를 사랑한다는 것은 불같이 일어나는 감정이 아니라 나의 생명을 다른 한 사람에게 완전히 맡긴다는 결단과 약속의 행위여야 합니다.

성은 하나님이 주신 아름다운 선물입니다. 그러나 잘못 사용되는 성은 인생을 가장 파괴하기 쉬운 것입니다.

# 혼전순결의 중요성

 마음열기

먼저읽기

진정한 성애는 '결혼'이라는 고공비행이 아니고는 결코 경험해 볼 수 없는 것입니다. 결혼 아닌 곳에서 이와 같은 경험을 해보려는 것은 낙하산을 타는 기분을 맛보기 위해서 지붕 위나 나무에서 뛰어내리는 것과 같습니다. 이렇게 되면 낙하산이 펼쳐지기도 전에 다리뼈가 부러지는 것으로 끝나고 말 것입니다. 창공을 나는 기분은 비행기를 타고 5, 6천 피트 상공에 올라가서 뛰어내릴 때에야 비로소 만끽할 수 있습니다.

요즘 대중매체들은 혼전 순결에 대해 어떻게 말하고 있습니까?

 생각하기

1. 다음은 혼전 순결에 대한 당신의 생각을 점검하기 위한 질문입니다. 그렇게 생각 되는 부분에 표시해 보세요.

- 정신적인 순결은 중요하지만 몸의 순결은 크게 중요하지 않다(    )
- 정말 결혼할 사이거나 좋아하는 사이라면 허용해도 괜찮다(    )
- 혼전 성관계는 장차 배우자 될 사람이 모르거나 이해해 준다면 별문제가 없다(    )
- 혼전 성관계는 사귀는 상대방을 더 깊이 사랑하도록 만들어 준다(    )

## 2. 혼전 순결에 대한 성경의 가르침

살전 4:3-4 하나님의 뜻은 이것이니 너희의 거룩함이라 곧 음란을 버리고 각각 거룩 함과 존귀함으로 자기의 아내 대할 줄을 알고(헬, 자기 몸을 절제할 줄 알고)

하나님은 우리가 결혼할 때 어떠한 상태로 있기를 원하십니까?(4)

우리가 혼전에 성적인 유혹을 받게 될 때 어떻게 하는 것이 하나님의 뜻입니까?(3)

하나님은, 결혼 전에 성에 빠지는 것은 분명히 반대하십니다. 하나님은 왜 우리가 혼전 순결을 지켜야 한다고 말씀합니까?

## 1) 성행위가 남기는 큰 상처 때문에

고전 6:18–19 음행을 피하라 사람이 범하는 죄마다 몸 밖에 있거니와 음행하는 자는 자기 몸에 죄를 범하느니라 너희 몸은 너희가 하나님께로부터 받은 바 너희 가운데 계신 성령의 전인 줄을 알지 못하느냐 너희는 너희 자신의 것이 아니라

우리의 내면적인 영혼은 우리 몸의 은밀한 부분과 서로 밀접한 연관이 있습니다. 그러므로 성적으로 범죄하면 우리의 존엄성이 찢기고, 무언가가 절망적으로 엉키고 잘못되었다는 것을 감지하게 됩니다.

## 2) 가정을 지켜 주시기 위해서

마 19:6 그런즉 이제 둘이 아니요 한 몸이니 그러므로 하나님이 짝지어 주신 것을 사람이 나누지 못할지니라 하시니

마 19:9 내가 너희에게 말하노니 누구든지 음행한 이유 외에 아내를 버리고 다른 데 장가 드는 자는 간음함이니라

오늘날 많은 가정이 깨어지고 있고 이 때문에 자녀는 무한한 고통을 받고 있습니다. 하나님은 가정이 언제까지 지속되기를 원하십니까?(6)

그렇지만, 가정이 어떤 경우에는 깨어질 수밖에 없다고 인정하십니까?(9)

다음의 질문에 정직하게 대답해 보세요.

- 만약 배우자가 혼전 순결을 지키지 못했다면, 배우자와 떨어져 있을 때 그(그녀)가 다시 한번 다른 사람과 성관계를 갖지 않을 것이라고 어떻게 확신할 수 있습니까?
- 만약 당신이 혼전에 성 경험이 있다면 배우자가 아프거나 임신 중이거나 다투었거나 감정적으로 지쳐 성행위를 할 기분이 아닐 때도 당신이 배우자에게 성실할 것인지를 어떻게 확신할 수 있습니까?
- 당신의 배우자가 혼전에 순결을 지키지 못했다는 사실을 알게 된다면 배우자를 신뢰하고 존경할 수 있을까요?
- 이 같은 신뢰와 존경 없이 깨어지지 않는 아름다운 가정을 과연 지켜갈 수 있을까요?

실제 혼전 순결을 지키지 못했다면 결혼 후에도 혼외 관계를 가질 가능성이 매우 큽니다. 혼전 순결은 가정을 지켜주는 가장 튼튼한 울타리가 됩니다.

## 3) 참사랑을 배우게 하기 위해

오케스트라가 연주되기 전에는 오보에, 바이올린, 플루트의 작은 소리 악기에서부터 음 조율을 하여 점점 소리가 큰 악기를 조율합니다. 왜냐하면, 처음부터 트

럼펫이나 팀파니같이 큰 소리 내는 악기에서 시작하면 작은 악기의 소리는 잘 들을 수 없기 때문입니다. 이와 마찬가지로 사랑이라는 오케스트라에서도 섬세한 악기인 감정이나 마음을 잘 조율할 때까지 성욕이라는 북소리를 낮출수록 더 아름답고 웅장한 연주를 할 수 있습니다.

섣부른 성관계는 부드러운 배려와 섬세한 귀 기울임 등 참사랑을 배우고 키워나갈 수 있는 소중한 기회를 박탈해 버립니다.

### 4) 성의 참된 기쁨을 알려 주시기 위해

창 2:23-25  아담이 이르되 이는 내 뼈 중의 뼈요 살 중의 살이라 이것을 남자에게서 취하였은즉 여자라 부르리라 하니라 이러므로 남자가 부모를 떠나 그의 아내와 합하여 둘이 한 몸을 이룰지로다 아담과 그의 아내 두 사람이 벌거벗었으나 부끄러워하지 아니하니라

진정한 성애는 결혼이라는 고공비행이 아니고는 결코 경험해 볼 수 없는 것입니다. 하나님은 결혼 안에서만 서로에 대한 경탄 속에서(23), 자그마한 부끄러움도 없이(25) 온전한 한 몸됨의 기쁨을(24) 경험할 수 있도록 설계하셨습니다.

혼전 순결을 지키는 것은 즐거움을 빼앗기 위한 것이 아니라 평생 가장 큰 기쁨을 간직하도록 만들기 위함입니다.

## 3. 음란한 시대 속의 신자들

이 시대는 음란을 자랑하는 시대이며, 순결을 말하는 것이 도리어 부끄러운 것으로 들리는 시대가 되었습니다. 그러나 우리는 예수님의 가르침을 부끄러워하지 않고 더욱 순결에 힘써야 합니다.

막 8:38  누구든지 이 음란하고 죄 많은 세대에서 나와 내 말을 부끄러워하면 인자도 아버지의 영광으로 거룩한 천사들과 함께 올 때에 그 사람을 부끄러워하리라

 나의 이야기

■ 당신은 혼전 순결을 지키기로 다짐하십니까? 그렇다면 아래 서약서를 작성하세요.

### 순결서약문

나는 예수님의 정결케 하시는 피를 의지하여 지금부터 결혼 전까지

순결을 지킬 것을 하나님 앞에서 굳게 결심합니다.

년        월        일        이름                서명

# 혼전 순결의 중요성

사단은 행복한 가정을 싫어합니다. 또 사단은 사랑의 육체적 표현이 너무나 아름다워서 그것을 파괴하고 싶어합니다. 그래서 사단은 결혼에 생기를 불어넣는 성을 잘못 사용하게 합니다.

사단이 쓰는 가장 보편적인 방법은 혼전 순결을 지키지 못하게 하는 것입니다. 사단은 영화나 책, 대중매체 등을 통하여 성은 누구와도 쉽게 즐길 수 있는 것이며 혼전 순결을 지키는 것이 어리석은 것이라는 생각을 심어주고 있습니다. 실제 통계를 보면 혼전 순결을 지킬 필요가 없다고 응하는 젊은이들의 비율이 점점 더 늘어가고 있습니다.

정말 그들의 생각대로 혼전 순결을 지키는 것이 바보 같은 태도일까요?

혼전 순결을 지키지 않고 결혼 전부터 다른 사람과 육체적인 표현을 즐겼다면 그것은 결혼 후 두 사람만의 특별한 관계를 표현하는 것으로서의 의미가 없어지게 됩니다.

또 혼전 순결을 지키지 못한 것은 결혼 중에 여러 가지 위기가 닥쳐올 때 상대방을 신뢰하지 못하게 하는 요인이 됩니다. 사랑의 작은 결단도 고수할 수 없는 사람이 과연 큰 시련들을 함께 극복해나갈 수 있을지 의심하게 되는 것입니다.

그뿐만 아니라 혼전 순결을 지키지 못하고 미성숙한 채로 성적인 행동을 한 사람은 잘못된 선입견들을 가지게 되어 하나님이 주신 성교의 깊은 의미를 알지 못합니다.

순결은 오직 한 번 주어지는 선물입니다. 그리고 오직 한 사람에게만 줄 수 있습니다. 당신은 한평생을 당신과 함께하기로 약속한 사람을 위해 이 선물을 간직해 둔 것을 감사하게 될 것입니다.

여러분은 침소에 들어가서 완전하고도 전적인 자기 헌신의 시간을 가지게 될 것입니다. 거기에는 조금의 흠도 방해도 불안한 마음도 없는 완전한 자유가 따르게 됩니다. 왜냐하면, 하나님의 방법을 따랐기 때문입니다.

그리고 당신 둘이 한 몸이 되었을 때 하나님께서도 미소 지으실 것입니다.

# 자살충동의 극복

먼저읽기

청소년 자살은 최근 통계청 발표 연령별 사망 원인 순위 80개의 항목 중 교통사고에 이어 2위로 나타났습니다. 이들 중 유서나 암시를 남기는 자살은 20%에 불과해 순간적인 충동에 의한 것이 많음을 보여 주고 있습니다. 하나님은 '모든 영혼은 다 내게 속했다', '너는 내 것이다' 라고 선언하십니다(겔 18:4).

생명은 하나님께서 창조하신 하나님의 것입니다.

또한, 생명은 온 천하와도 바꿀 수 없는, 하나님께로부터 받은 가장 소중한 선물입니다(마 16:26).

그러므로 이처럼 고귀한 생명을 그보다 못한 어떤 것 때문에 스스로 포기한다는 것은 하나님께 대한 범죄임이 틀림없습니다.

우리에게 무엇보다 필요한 것은 생명의 경외심입니다.

나는 하나님의 형상으로 지음 받은 소중한 존재입니다.

 마음열기

자살 충동을 느껴 본 적이 있습니까? 그때는 언제였습니까?

생각하기

## 1. 자살의 원인들

아래의 보기를 보고 빈칸을 채우세요.

| 보기 : 거짓된 사상 | 적응력 부족 | 부정적인 자아상 | 가정문제 |
| --- | --- | --- | --- |
| 상실감 | 과중한 부담감 | 전이된 공격성 | 우울감 |

1) (                    ) – 친구와의 이별, 연인과의 절교, 죽음으로 사랑하는 사람을 잃는 경우 자살을 생각할 수 있다.

2) (                    ) – 학교나 가정생활, 사회 환경에 잘 적응하지 못하는 것 역시 자살의 한 원인이 될 수 있다.

3) (                    ) – 외모나 성적, 질병, 주위의 평판으로 인해 자신을 소중히 여기지 않는 태도도 자살의 원인이 된다.

4) (                    ) – 가정의 불화, 부모의 이혼, 형제간의 비교와 갈등은 청소년 자살의 한 중요한 원인이 되고 있다.

5) (                    ) – 학업에 대한 무리한 성취욕이나 꼭 이겨야 한다는 경쟁심, 어른의 인정을 받으려는 욕구는 종종 불안감이나 죄의식, 열등감을 낳는다. 이런 상태가 심

해지면 자살을 할 수도 있다.

6) (              ) – 청소년기는 신체적, 정신적, 사회적 변화의 시기이기 때문에 정서적으로 불안정하며 우울해지기 쉽다. 우울함이 심해지면 불면증, 두통, 무기력감 등에 시달리게 되고 자살의 원인이 되기도 한다.

7) (             ) – 타인이나 환경에 대한 분노에서 오는 적대감을 잘 조절하지 못하면 자신에게 돌려 충동적으로 자살을 범하는 수도 있다.

8) (             ) – 대중문화나 세상 종교, 철학들은 자살을 이생에서의 도피로 인정하거나 인간이 누릴 수 있는 최고의 자유로 예찬하고 심지어 더 나은 세상으로의 전이라며 부추기기도 한다.

위의 요소들 중 자신이나 친구들이 요즘 가장 많이 느끼는 고민은 무엇입니까?

## 2. 자살을 해서는 안 되는 이유
자살은 중대한 범죄입니다. 자살이 죄가 되는 이유는 다음과 같습니다.

1) 잠 8:36 그러나 나를 잃는 자는 자기의 영혼을 해하는 자라 나를 미워하는 자는 사망을 사랑하느니라
자살은 하나님을 잃어버리는 행위이며, 이렇게 죽음을 사랑하는 자는 하나님을 미워하는 사람입니다.

2) 십계명의 제 육 계명은 '살인하지 말라' 입니다(출 20:13).
남의 생명을 끊는 것이 중죄라면 내 생명을 끊는 것 역시 중죄입니다. 특별히 자살은 자신의 잘못된 행동에 대한 용서를 빌 주체가 없어져 버리는 용서받지 못할 행위입니다.

3) 애 3:20-22 내 마음이 그것을 기억하고 내가 낙심이 되오나 이것을 내가 내 마음에 담아 두었더니 그것이 오히려 나의 소망이 되었사옴은 여호와의 인자와 긍휼이 무궁하시므로 우리가 진멸되지 아니함이니이다
자살은 모든 희망을 잃어버리고 낙심한 사람이 하는 것입니다. 자살에 나타나는 이 같은 절망은 성경의 하나님을 거부하는 것입니다. 하나님께는 항상 소망이 있기 때문입니다.

4) 자살은 함께하던 가족과 친구들에게 깊은 상실감과 거부당한 느낌, 죄의식과 다른 사람이 자살할지 모른다는 두려움, 그리고 사회적인 경멸을 끼치는 가혹행위입니다.

## 3. 자살을 이기는 그리스도인

생명은 하나님의 것이며 하나님이 주신 가장 귀한 선물입니다. 신자는 생명의 존엄성을 아는 사람입니다.

1) 사울이 당한 두 가지 위기는 어떤 것이었습니까?

삼상 31:3 사울이 패전하매 활 쏘는 자가 따라잡으니 사울이 그 활 쏘는 자에게 중상을 입은지라

**사울의 선택은 무엇입니까?**

삼상 31:4 그가 무기를 든 자에게 이르되 네 칼을 빼어 그것으로 나를 찌르라 할례 받지 않은 자들이 와서 나를 찌르고 모욕할까 두려워하노라 하나 무기를 든 자가 심히 두려워하여 감히 행하지 아니하는지라 이에 사울이 자기의 칼을 뽑아서 그 위에 엎드러지매

2) 다윗이 당한 두 가지 위기는 어떤 것이었습니까?

삼상 30:3 다윗과 그의 사람들이 성읍에 이르러 본즉 성읍이 불탔고 자기들의 아내와 자녀들이 사로잡혔는지라

삼상 30:5 다윗의 두 아내 이스르엘 여인 아히노암과 갈멜 사람 나발의 아내였던 아비가일도 사로잡혔더라

**다윗의 선택은 어떻게 달랐습니까?**

삼상 30:6 백성들이 자녀들 때문에 마음이 슬퍼서 다윗을 돌로 치자 하니 다윗이 크게 다급하였으나 그의 하나님 여호와를 힘입고 용기를 얻었더라

신자는 뒤로 물러가 침륜에 빠질 자가 아니오 오직 영혼을 구원함에 이르는 믿음을 가진 사람들입니다(히 10:39).

 나의 이야기

■ 현재 나에게 있는 가장 낙심되는 문제는 무엇입니까? 다윗처럼 이 문제에서 일어날 수 있게 소망의 하나님께 기도드립시다.

정답 | ①상실감 ②적응력 부족 ③부정적인 자아상 ④가정문제 ⑤과중한 부담감 ⑥우울감
⑦전이된 공격성 ⑧거짓된 사상

# 자살을 생각하는 사람을 도우려면

*해서는 안 되는 일

- 문제의 초점을 피한다 : 당사자에게 맞지 않는 무의미한 말들을 늘어놓지 않는다.
- 비밀을 지킨다 : 신뢰할만한 어른들에게 도움을 청해야 한다.
- 논쟁한다 : "어떻게 감히 그런 생각을 할 수 있어?"와 같은 논쟁과 설교조의 말은 피한다.
- 자살하려는 동기를 분석한다 : 당사자의 상황을 나름대로 단정 짓지 않도록 한다.
- 자살을 시도하려는 사람을 혼자 놔둔다 : 혼자 남지 않도록 잠시도 틈을 주지 않도록 한다.
- 자살을 결심하고 있다는 사실을 알고 당황한다 : 당황이 되겠지만 당사자가 침착해지도록 먼저 침착해야 한다.

*반드시 해야 할 일

- 직접적으로 물어본다 : 자살하려는 사람의 의도가 얼마나 심각한 정도인지 알 수 있다.
- 잘 들어준다 : 경청의 표시로 상대방의 눈을 바라보거나 "그래" "음" 과 같은 말로 반응한다.
- 안정감이 느껴지도록 돕는다 : 상대방이 안전하다는 확신을 들게 해준다.
- 관심을 표현하면서 적극적으로 행동한다 : 언제든지 대화의 상대자가 되어줄 수 있음을 알린다.
- 도움을 청한다 : 전문가의 도움을 구하는 것이 필요하다면 상대방을 잘 설득하여 전문가에게 찾아간다.

힘내…

# 경쟁심에서의 해방

 마음열기

최근에 경쟁의식을 강하게 느낀 일이 있다면
무엇입니까? 그때의 기분은 어땠습니까?

생각하기

## 1. 경쟁심을 대하는 태도

### 1) 경쟁심의 노예가 된 [ ][ ] 왕

삼상 18:7~9  여인들이 뛰놀며 노래하여 이르되 사울이 죽인 자는 천천이요 다윗은
만만이로다 한지라 사울이 그 말에 불쾌하여 심히 노하여 이르되 다윗에게는 만만
을 돌리고 내게는 천천만 돌리니 그가 더 얻을 것이 나라 말고 무엇이냐 하고

사울 왕은 무엇 때문에 다윗에게 경쟁심을 느끼게 되었습니까?(7)

같은 경쟁심은 사울로 하여금 평생 다윗 죽이는 것만 생각하는 악한 왕이 되도록
습니다.

### 2) 경 서 승리한 [ ][ ]

고전  대로 너런즉 아볼로는 무엇이며 바울은 무엇이냐 그들은 주께서 각각 주신
오직 하나금 믿게 한 사역자들이니라 나는 심었고 아볼로는 물을 주었으되
바울이 개척나게 하셨나니

이 생겼고 서·교회 성도들 중에는 아볼로 목사를 더 존경하고 따르는 이들
는 일이 발생했습니다.

# 자살을 생각하는 사람을 도우려면

*해서는 안 되는 일

- 문제의 초점을 피한다 : 당사자에게 맞지 않는 무의미한 말들을 늘어놓지 않는다.
- 비밀을 지킨다 : 신뢰할만한 어른들에게 도움을 청해야 한다.
- 논쟁한다 : "어떻게 감히 그런 생각을 할 수 있어?"와 같은 논쟁과 설교조의 말은 피한다.
- 자살하려는 동기를 분석한다 : 당사자의 상황을 나름대로 단정 짓지 않도록 한다.
- 자살을 시도하려는 사람을 혼자 놔둔다 : 혼자 남지 않도록 잠시도 틈을 주지 않도록 한다.
- 자살을 결심하고 있다는 사실을 알고 당황한다 : 당황이 되겠지만 당사자가 침착해지도록 먼저 침착해야 한다.

*반드시 해야 할 일

- 직접적으로 물어본다 : 자살하려는 사람의 의도가 얼마나 심각한 정도인지 알 수 있다.
- 잘 들어준다 : 경청의 표시로 상대방의 눈을 바라보거나 "그래" "음"과 같은 말로 반응한다.
- 안정감이 느껴지도록 돕는다 : 상대방이 안전하다는 확신을 들게 해준다.
- 관심을 표현하면서 적극적으로 행동한다 : 언제든지 대화의 상대자가 되어줄 수 있음을 알린다.
- 도움을 청한다 : 전문가의 도움을 구하는 것이 필요하다면, 상대방을 잘 설득하여 전문가에게 찾아간다.

힘내…

# 경쟁심에서의 해방

 마음열기

최근에 경쟁의식을 강하게 느낀 일이 있다면
무엇입니까? 그때의 기분은 어땠습니까?

### 생각하기

## 1. 경쟁심을 대하는 태도

### 1) 경쟁심의 노예가 된 [ ][ ] 왕

삼상 18:7-9 여인들이 뛰놀며 노래하여 이르되 사울이 죽인 자는 천천이요 다윗은
만만이로다 한지라 사울이 그 말에 불쾌하여 심히 노하여 이르되 다윗에게는 만만
을 돌리고 내게는 천천만 돌리니 그가 더 얻을 것이 나라 말고 무엇이냐 하고

사울 왕은 무엇 때문에 다윗에게 경쟁심을 느끼게 되었습니까?(7)

이 같은 경쟁심은 사울로 하여금 평생 다윗 죽이는 것만 생각하는 악한 왕이 되도록
만들었습니다.

### 2) 경쟁심에서 승리한 [ ][ ]

고전 3:5-6 그런즉 아볼로는 무엇이며 바울은 무엇이냐 그들은 주께서 각각 주신
대로 너희로 하여금 믿게 한 사역자들이니라 나는 심었고 아볼로는 물을 주었으되
오직 하나님께서 자라나게 하셨나니

바울이 개척한 고린도교회 성도들 중에는 아볼로 목사를 더 존경하고 따르는 이들
이 생겼고 서로 편을 가르는 일이 발생했습니다.

그때 바울은 아볼로에 대해 어떻게 말하고 있습니까?

그리고 성도들의 눈을 누구에게로 돌리게 합니까?

3) ☐☐☐ 의 질투에 대한 예수님의 충고

요 21:21-22 이에 베드로가 그를 보고 예수께 여짜오되 주님 이 사람은 어떻게 되겠사옵나이까 예수께서 이르시되 내가 올 때까지 그를 머물게 하고자 할지라 도 네게 무슨 상관이냐 너는 나를 따르라 하시더라

순교자의 사명을 받은 베드로가 예수님께 제일 먼저 질문한 것은 무엇입니까?(21)

예수님은 베드로의 이런 자세에 대해 어떤 충고를 해 주셨습니까?(22)

## 2. 경쟁심을 느끼는 이유

우리가 경쟁심을 느끼는 이유는 두 가지 사실에 대한 오해 때문입니다.

1) "인생이란 제한된 메달을 놓고 벌이는 생존경쟁이다."

오해 바로잡기 : 우리의 인생은 경쟁이 아니라 경주입니다.

딤후 4:7-8 나는 선한 싸움을 싸우고 나의 달려갈 길을 마치고 믿음을 지켰으니 이제 후로는 나를 위하여 의의 면류관이 예비되었으므로 주 곧 의로우신 재판장 이 그 날에 내게 주실 것이며 내게만 아니라 주의 나타나심을 사모하는 모든 자 에게도니라

바울은 자기에게 무엇이 준비되어 있다고 말합니까?(7)

하지만, 이것은 누구에게도 있다고 말하고 있습니까?(8)

하나님은 모든 풍부의 하나님이십니다. 신앙생활은 열 명이 한 개의 메달을 놓고 달리는 상대평가의 경쟁이 아니라 열 명이 열 개의 메달을 놓고 달리는 절대 평가의 경주입니다. 모든 사람에게는 각자 자기 푯대와 자기 면류관이 있는 것입니다. 우리가 할 일은 다른 사람과의 치열한 경쟁이 아니라 자기 푯대를 향한 최선의 경주입니다.

2) "너의 실패는 나의 성공이고 나의 아픔은 너의 기쁨이다."

오해 바로잡기 : 우리는 서로 경쟁자가 아니라 한 몸의 지체입니다.

고전 12:25-27 몸 가운데서 분쟁이 없고 오직 여러 지체가 서로 같이 돌보게 하 셨느니라 만일 한 지체가 고통을 받으면 모든 지체가 함께 고통을 받고 한 지체 가 영광을 얻으면 모든 지체가 함께 즐거워하느니라 너희는 그리스도의 몸이요 지체의 각 부분이라

성경은 우리가 서로 어떤 관계라고 말하고 있습니까?(27)

한 몸은 다른 지체의 영광이나 고통에 대해 어떻게 하게 되어 있다고 말합니까?(26)

몸 안에는 여러 지체가 있지만 경쟁하는 법이 없고 서로서로 돌봅니다. 왜냐하면, 한 몸이기 때문입니다.

또 다른 지체가 잘 되는 것이 곧 자기가 잘 되는 것이요, 다른 지체가 상처받는 것이 곧 자기 아픔임을 잘 압니다. 그것이 한 몸입니다.

그런데 사실 우리는 그리스도 안에서 이미 한 몸이 된 사람들입니다. 우리에게 경쟁심은 결코 어울리지 않습니다.

## 3. 경쟁에서 한 마음으로

신앙생활이 영적 경주임을 아는 사람은 자기 일에 최선을 다하는 사람입니다.

또 서로가 지체임을 아는 사람은 다른 사람의 일을 자기 일처럼 돌아보게 됩니다.

이렇게 할 때 예수님께서 가장 기뻐하십니다.

세상은 경쟁을 부추깁니다. 그러나 신자는 세상의 방식이 아니라 하나님의 방식대로 사는 사람입니다.

빌 2:3-4 아무 일에든지 다툼이나 허영으로 하지 말고 오직 겸손한 마음으로 각각 자기보다 남을 낫게 여기고 각각 자기 일을 돌볼뿐더러 또한 각각 다른 사람들의 일을 돌보아 나의 기쁨을 충만하게 하라

 나의 이야기

■ 경쟁심에 사로잡혔던 부분들에 대해 회개하고 경쟁심을 가졌던 지체들에 대해 도리어 축복하는 시간을 가집시다.

■ 내 인생을 걸고 경주할 수 있는 나의 푯대와 나의 면류관이 무엇인지 보여 달라고 기도하는 시간을 가집시다.

정답 | ①사울 ②바울 ③베드로

# 바른 영적 경주

바울은 신자의 삶을 '경주'에 비교했습니다.

그런데 경쟁에 젖어 사는 우리는 쉽게 이 단어를 '경쟁'으로 받아들입니다.

그래서 신앙생활을 하면서도 이기주의와 경쟁의식에 사로잡혀 있는 경우가 많습니다.

그들은 자기가 다른 사람보다 더 축복받아야 하고 더 많은 은사를 받아야 하고 다른 사람보다 더 큰 체험을 가져야 한다고 하며 온통 자기밖에 모릅니다. 또 그들은 다른 사람과 비교하여 안도하거나 혹은 열등감에 빠지기도 합니다. 이것은 너무나도 어리석은 일입니다.

영적 경주는 영적 경쟁이 아닙니다.

세상에서는 얻고자 하는 것이 제한되어 있기 때문에 경쟁할 수밖에 없습니다. 하지만, 하나님은 그를 찾는 모든 사람에게 조금도 부족함이 없으므로 경쟁할 이유가 없습니다.

예를 들어 두 사람이 동일한 사람을 사랑하고 있다면 멀지 않아 그 두 사람은 원수가 될 것입니다. 하지만, 두 사람이 하나님을 사랑하고 있다면 그들은 오히려 상대방이 하나님을 덜 사랑하게 될까 염려하게 됩니다.

또 우리는 그리스도 안에서 한 몸이며 서로 연결된 지체입니다. 그래서 우리는 남을 돕는 가운데 자기를 돕게 되고 남의 이익을 위하여 애쓰는 동안에 자기도 모르는 사이에 새로운 힘을 얻게 되어 있습니다. 그리고 만약 우리가 자기의 이익만 생각한다면 비록 당장은 이익이 있는 것처럼 보이지만 부지불식간에 자기에게 큰 손해를 끼치게 되는 것입니다.

예를 들어 위나 간이 영양소를 다른 기관에 전혀 내어놓지 않는다면 어떻게 되겠습니까? 그것은 결국 암이 되고 말 것입니다!

우리의 경주는 다른 사람과의 경쟁이 아니라 자신에게 주신 푯대를 향한 달음박질이요, 서로 더 사랑하기 위한 싸움입니다. 그리고 하나님은 오늘도 선한 경주를 하고 있는 우리 모두를 위해 의의 면류관을 예비하고 계십니다.

"이제 후로는 나를 위하여 의의 면류관이 예비되었으므로… 내게만 아니라 주의 나타나심을 사모하는 모든 자에게도니라"(딤후 4:8).

# 따돌림없는 세상

제가 초딩 2학년 때부터 초딩 6학년 때까지 왕따를 당했습니다. 물론 지금도 왕따고요. 그런데 왕따 당한 이유가 하나같이 구질구질합니다. 먼저, 2학년 때는 절 왕따시킨 친구들이 그냥 제가 첫인상이 좀 그래서 왕따시킨거고요. 3학년 때는 애들이 제가 빈대같이 이리 붙었다 저리 붙었다 한대요.

그리고 4학년 때는, 제가 2년 연속 왕따만 당해서 스스로 애들과 못 어울리고 혼자 다녔습니다. 5학년 때는 여자 회장이 저를 집중적으로 따시켰고, 6학년 때도 O양이 저를 아주 개취급했습니다. 그리고 중학교에 올라오면 초딩 때 당했던 따 안 당할 줄 알았거든요?

그런데 웬걸, 훨씬 힘든 왕따 생활을 하고 있습니다. 저 참 비굴하게 살고 있습니다. 어쩌다 애들이 저한테 뭐 빌려달라고 하면 빌려줄 수밖에 없고, 애들이 뭐 시키면 완전히 심부름꾼처럼 시키는 대로 할 수밖에 없습니다.

저도 해볼 수 있는 노력은 다 해봤거든요. 또 그냥 혼자 살려고 발버둥도 쳐봤고, 먼저 다가가기도 해봤습니다. 하지만, 결국은 맨날 당하고, 퇴짜맞고 혼자 울게 됩니다.

한 번 울면 베개가 안 축축한 데가 없을 정도로 울었습니다.

 마음열기

따돌림 받는 친구가 있습니까? 그는 왜 따돌림을 받습니까?

 생각하기

## 1. 따돌리지 말라

많은 경우 사람들은 첫인상이나 타인의 험담, 자신의 선입견 등으로 사람을 판단합니다. 또 지능이나 부, 외모나 힘 등 자신이 좀 더 가진 외적인 요소로 다른 사람을 무시하고 따돌리기도 합니다.

성경은 이에 대해 엄중히 경고합니다.

롬 14:10 네가 어찌하여 네 형제를 비판하느냐 어찌하여 네 형제를 업신여기느냐 우리가 다 하나님의 심판대 앞에 서리라

약 2:9 만일 너희가 사람을 차별하여 대하면 죄를 짓는 것이니 율법이 너희를 범법자로 정죄하리라

특히 □□ □□□□ 로부터 값없이 용서와 사랑을 받은 우리는 다른 사람을 외모로 판단하고 따돌리는 일을 저질러서는 결코 안 됩니다(약 2:1).

바람은 커다란 참나무라고 해서 하찮은 풀잎보다 더 다정하게 속삭이지 않습니다. 하나님께서는 우리의 외모나 우리가 소유한 그 무엇 때문에 우리의 영혼을 차별하는 일이 결코 없습니다.

## 2. 따돌림 받는 사람 편에 서라

예수님은 문란한 생활로 사람들에게 따돌림을 받아 혼자 물 뜨러 나온 사마리아 여인을 무시하시지 않았습니다.

아나니아는 장님이 된 잔인한 박해자 사울에게 다가가기를 거부하지 않았습니다.

사랑스러운 사람을 사랑하는 것은 누구나 할 수 있습니다. 그러나 그렇지 않을 때도 사랑하는 것이 진정한 사랑입니다.

크리스천은 사랑스럽지 않은 사람까지도 사랑하는 사람입니다.

마 5:46-47 너희가 너희를 사랑하는 자를 사랑하면 무슨 상이 있으리요 세리도 이같이 아니하느냐 또 너희가 너희 형제에게만 문안하면 남보다 더하는 것이 무엇이냐 이방인들도 이같이 아니하느냐

## 3. ☐☐☐ 을 두려워하지 말라

성경에는 노아나 요셉, 엘리야 같이 경건하게 살다가 따돌림을 받은 많은 사람이 있습니다.

당신에게는 예수님 때문에, 의로운 삶이나 세속적이지 않은 모습 때문에 왕따를 당한 경험이 있습니까?

딤후 3:12 무릇 그리스도 예수 안에서 경건하게 살고자 하는 자는 박해를 받으리라

성경은 이 같은 따돌림에 대해 약속합니다.

마 5:11-12 나로 말미암아 너희를 욕하고 박해하고 거짓으로 너희를 거슬러 모든 악한 말을 할 때에는 너희에게 복이 있나니 기뻐하고 즐거워하라 하늘에서 너희의 상이 큼이라 너희 전에 있던 선지자들도 이같이 박해하였느니라

예수님 때문에 '왕따'가 되는 것은 '왕을 따름'의 참된 증거입니다.

나의 이야기

■ 첫인상이 별로 좋지 못했는데 후에 절친한 관계가 된 친구가 있습니까?
  만약 그렇다면 그 관계를 통해 무엇을 배우게 되었습니까?

■ 따돌림 받는 사람 중 나의 우정을 필요로 하는 사람이 있습니까?
  앞으로 그를 어떻게 대하기로 결심하십니까?

■ 나를 괴롭히는 사람은 누구입니까?
  그를 위해 기도하고 진실한 마음으로 용서하기로 결심합시다.

정답 | ①예수 그리스도 ②따돌림

# 자기보다 남을 낮게 여기라

자기보다 남을 낮게 여기라는 가르침은 자기를 낮게 평가하거나 자기 재능을 무시하라는 말은 아닙니다. 성경에서 말하는 교만은 하나님이 주신 재능이나 능력을 정당하게 평가하고 그것에 대해 말하는 것과는 아무런 상관도 없습니다.

사실 하나님이 부여하신 재능을 잘 개발하여 사용하려면 이와 같은 평가가 꼭 필요합니다.

이 가르침의 뜻은 첫째, 하나님이 보시는 눈으로 자신을 보라는 것입니다.

하나님의 눈으로 자기를 보는 사람은 자기가 가진 모든 것이 하나님께서 주신 것임을 깨닫고, 그것으로 남과 비교하거나 우쭐대지 않습니다.

또한, 하나님의 눈으로 자기를 보는 사람은 자기에게 주신 은사의 목적이 다른 사람들을 섬기기 위한 것임을 알고 이웃을 위한, 선한 청지기의 삶을 살게 됩니다.

둘째, 하나님이 보시는 눈으로 형제를 보라는 것입니다.

하나님은 모든 사람에게 각기 다른 사명을 주셔서 그리스도의 몸을 이루게 하셨습니다. 그래서 하나님의 눈에는 모든 사람이 각각 소중하고 독특한 가치를 가진 존재들입니다.

인간의 눈으로 서로 비교하는 사람은 남이 자기보다 열등하면 그를 깎아내려야 속이 시원해지고 남이 자기보다 나으면 자신이 쓸모없는 존재라는 비관에 빠지게 됩니다. 하지만, 하나님의 눈으로 형제를 보는 사람은 가장 연약한 형제를 더욱 귀히 여기고 존중하게 되고, 또 유능한 형제에 대해서도 절대적인 기쁨과 찬사를 보낼 수 있습니다.

하나님은 한 사람이 고음, 저음, 묵직한 음성을 다 내게 하실 수도 있습니다. 하나님이 만드신 다양한 사람들을 한번 보십시오.

참으로 신묘한 솜씨가 아닙니까?

하나님은 이 모든 자녀가 피차 종이 되어 서로 자기보다 남을 더 낮게 여김으로, 마치 각기 다른 향기와 색깔의 꽃들이 조화를 이루어 더 큰 아름다움을 만들어 내는 것 같은 삶을 살기를 원하십니다.

# 스트레스 이기기

**먼저읽기**

많은 젊은이가 기분에 맞지 않는다, 마음에 들지 않는다, 혹은 불편하고 못마땅하다는 이유 때문에 그것을 개선하려고 무수히 노력합니다. 당신은 이 세상 대부분의 일이 마음에 들지 않는다고 생각하는 사람들에 의해 변화되어 왔다는 사실을 생각해 본 적이 있습니까? 나는 마음에 들지 않는 일 앞에서 어떻게 행동하는 사람입니까?

**마음열기**

최근에 스트레스를 받은 적이 있습니까?
그것은 무슨 일 때문입니까?

**생각하기**

스트레스는 원래 물리학 용어로 '물체가 외부압력에 저항하여 원형을 보존하려는 힘'을 말합니다. 이 용어를 의학용어로 처음 도입한 사람은 캐나다의 병리학자 한스 셀리로, 그는 스트레스를 '과다한 자극으로 몸과 마음의 균형이 깨진 상태'라고 정의했습니다.

## 1. 나와 스트레스

1) 내가 요즘 주로 스트레스를 받는 원인은 무엇입니까? 모두 선택해 보세요.

☐ 좋지 못한 환경　　☐ 능력의 제한　　☐ 일에 대한 부적응
☐ 시간적 압박　　　☐ 관계의 문제들　☐ 신체적 문제
☐ 재정적 어려움　　☐ 심리적 고통　　☐ 성격적 문제
☐ 기 타

2) 내가 스트레스 받을 때 나타나는 증상은 무엇입니까?

☐ 신경질　☐ 비난과 판단　☐ 울음　☐ 자포자기　☐ 침묵
☐ 기도　　☐ 파괴적인 행동　☐ 무절제　☐ 쉼　　　☐ 초조
☐ 기 타

3) 내가 스트레스를 받았을 때 자주 가는 곳은 어디입니까?

☐ 운동장　　☐ 자기 방　　☐ 분식집　　☐ 조용한 곳　　☐ 술집
☐ 당구장　　☐ 노래방　　☐ PC방　　　☐ 교회
☐ 기 타

이상의 문항을 통해 자신의 스트레스 정도와 스트레스 해소방법에 대해 평가해
봅시다.

## 2. 스트레스 다시 보기

똑같은 상황에서 어떤 사람은 스트레스를 받지만 어떤 사람은 받지 않습니다. 그런
의미에서 스트레스는 마음의 문제입니다.

잠 25:28  자기의 마음을 제어하지 아니하는 자는 성읍이 무너지고 성벽이 없는 것
과 같으니라

나의 마음에는 스트레스를 유발하는 무너진 부분은 없습니까? 자기와 관련된 것을
표시하고 해당 성구를 읽어 봅시다.

☐ 시기심과 경쟁의식(잠 14:30)　　　☐ 미루는 마음(잠 6:9-11)
☐ 하나님을 신뢰하지 못함(사 26:3)　☐ 고백하지 않은 죄(시 32:2)
☐ 성급함(잠 14:29)　　　　　　　　☐ 용서하지 못함(골 3:13)
☐ 지나친 목표의식(딤전 6:6)　　　　☐ 미련한 마음(약 1:5)
☐ 기 타

## 3. 스트레스 다루기

1) 하나님의 음성을 들음으로 하루를 시작하십시오. 염려 대신 기도로 스트레스
를 올려드리세요. 활력 있는 삶의 가장 확실한 비결입니다.

시 143:8  아침에 나로 하여금 주의 인자한 말씀을 듣게 하소서 내가 주를 의뢰
함이니이다 내가 다닐 길을 알게 하소서 내가 내 영혼을 주께 드림이니이다

2) 찬양은 지친 우리에게 새 힘을 주기도 합니다. 또 일반 은총으로 주신 노래나
음악들 역시 우리를 위해 주신 하나님의 선물입니다.

3) 긴장을 푸는데 웃음보다 더 좋은 방법은 없을 것입니다. 뱃속에서부터 웃음
이 터져 나오도록 실컷 웃어보세요.

성　혼전순결　자실　경쟁　따돌림　스트레스　술　충고·뉴에이지　좋은자녀

4) 큰소리로 우는 것은 어떻습니까? 눈물은 간절함의 표현이면서, 동시에 누적된 스트레스를 풀어주는 묘약입니다.

5) 사람은 지루하고 따분하면 과로보다 더 빨리 피로감을 느끼게 됩니다. 과로의 경우에 회복을 위해 휴식이 필요한 것처럼, 무료하게 지내고 있는 사람은 오히려 활동함으로써 건강을 회복할 수가 있습니다.

6) 기도의 동역자, 마음을 털어놓을 친구, 부모님, 교회 지도자 등 마음의 짐을 나누어질 수 있는 대상을 찾으세요. 진심으로 다가갈 때 생각보다 많은 사람이 여러분 주위에 있음을 알게 됩니다.

7) 불필요한 스트레스를 일으키는 환경을 알아내어 이를 해결하거나 최소화하거나 혹은 제거하는 일을 해야 합니다. 특별히 스트레스를 푼다는 명목으로 불건전한 환경에 들어가는 것은 결국 더 스트레스를 받게 합니다.

스트레스를 어떻게 관리하느냐는 영적으로 매우 중요한 문제로 우리 신앙의 성숙함을 드러내는 하나의 기회입니다. 하나님이 우리에게 어려움을 겪게 하시는 목적은 그것을 통해 예수님의 형상을 더 닮아가게 하는 데 있습니다.

 나의 이야기

■ 내가 받는 스트레스의 원인에 대해 새롭게 발견한 것은 무엇입니까?

■ 나에게 불건전한 스트레스 해소법이 있다면 구체적으로 어떻게 바꿀지에 대해 결정합시다.

# 유머가 있으신 하나님

몹시 마음에 안 들어!

프린스턴 의대 내과 주임의사인 윌리엄은 환자의 전인적인 치유를 위해 기도하는 의사입니다. 심장 판막증을 앓고 있던 헨리라는 그의 환자는 '혈관이 쓰리다' '혈액 검사를 많이 해 팔이 시퍼렇게 멍들었다' '식욕이 없다' '뼈마디가 아프다' '잠을 못 잔다' '간호사가 불친절하다' '직장문제가 걱정이다' 라는 등 그야말로 수백 가지 불평을 늘어놓는 까다로운 사람이었습니다.

하지만, 윌리엄은 그런 불평에도 불구하고 그가 속으로는 인정도 있고 유머감각도 지닌 사람임을 볼수 있었고 그의 육체적인 질병뿐 아니라 성품적인 치유를 위해서도 계속 기도하였습니다.

심장치료가 끝나는 날 성령께서는 그 의사에게 다소 색다른 주문을 하셨습니다. 풍선 12개를 구해 그 하나하나마다 잘 쓰이는 각종 축하 메시지를 써서 헨리의 집으로 보내라는 것이었습니다. 그래서 '축 결혼', '생일 축하합니다', '축 득남', '메리 크리스마스', '장수 만세' 등을 써서 상자에 포장해 보내었습니다. 흥미 만점! 헨리는 너무나 좋아서 전화통화에 거의 울면서 말했습니다.

"나는 의사가 이렇게 웃기는 짓을 하고 있다는 얘기를 미처 들어본 적이 없어요!"

윌리엄은 "나도 그래요"하고 맞장구를 쳤습니다.

이 작은 일을 통하여 그 의사의 기도는 놀랍도록 풍성하게 응답받게 되었습니다. 많은 시간이 지났지만 윌리엄과 그 환자는 이 이야기가 나오면 아직도 깔깔댑니다.

하나님은 유머감각이 있으시고 우리처럼 사람을 깜짝 놀라게 하는 것을 즐기십니다. 하나님은 각 사람의 문제에 대한 가장 적절한 해결책을 가지고 계십니다.

# 술취하지
# 말라

마음열기

여러분의 급우들 중 술을 마시는 사람은
얼마나 됩니까? 신자는 왜 술을 먹지 말
아야 하느냐는 질문을 받게 된다면 여
러분은 무엇이라고 대답하겠습니까?

하나님! 당신은 "술 한잔 정도는 괜찮아"라고 말하는
친구들 사이에서 술을 마시지 않고 산다는 것이 얼마
나 어려운지를 아십니다. "성경에도 술 마시지 말라는
말은 없다"라며 도리어 저를 어리석다고 생각하는 교
인들도 있음을 아십니다. 그뿐만 아니라 장차 제가 나
아가 살아야 할 사회 전체가 술을 마시지 않는 저를
배척할 것도 아십니다.
하나님 저를 도와주십시오. 그리하여 술에 귀를 기울
이는 자신을 이기고, 술에 지배받는 이 세대를 이기
며, 술을 이용하는 사단을 이길 수 있도록 해 주십시
오. 성령으로 말미암아 더욱 성결하고, 더욱 건강하며,
세상을 구원할 수 있는 성숙한 신자로 설 수 있게 도
와주십시오.

생각하기

## 1. 술에 대한 환상, 그 허와 실

1)많은 청소년이 술을 마시고 있습니다. 술을 마시는 주된 이유는 무엇입니까?

2)TV에 나오는 술 광고들은 술에 대해 어떤 이미지를 갖게 합니까? 광고 카피 중
생각나는 것이 있으면 말해 봅시다.

3)하지만, 실제 술을 마셨을 때 나타나는 현상에는 어떤 것들이 있습니까?

아래의 성경의 묘사 중 가장 공감이 되는 부분을 한두 가지씩 말해 봅시다.

잠 23:29-35  재앙이 뉘게 있느뇨 근심이 뉘게 있느뇨 분쟁이 뉘게 있느뇨 원망이
뉘게 있느뇨 까닭 없는 상처가 뉘게 있느뇨 붉은 눈이 뉘게 있느뇨 술에 잠긴 자에
게 있고 혼합한 술을 구하러 다니는 자에게 있느니라 포도주는 붉고 잔에서 번쩍이
며 순하게 내려가나니 너는 그것을 보지도 말지어다 그것이 마침내 뱀 같이 물 것이
요 독사 같이 쏠 것이며 또 네 눈에는 괴이한 것이 보일 것이요 네 마음은 구부러진
말을 할 것이며 너는 바다 가운데에 누운 자 같을 것이요 돛대 위에 누운 자 같을 것

이며 네가 스스로 말하기를 사람이 나를 때려도 나는 아프지 아니하고 나를 상하게 하여도 내게 감각이 없도다 내가 언제나 깰까 다시 술을 찾겠다 하리라

·분쟁 : 다툼　·원망 : 신세타령　·까닭 없는 상처 : 어디서 입은 것인지 모를 상처
·괴이한 것 : 헛것　·구부러진 말 : 허튼 소리

## 2. 성경의 경고

예수님도 가나 혼인 잔치에서 물로 포도주를 만드는 이적을 행하셨습니다. 하지만, 이 시대 이스라엘의 술들은 현재의 증류된 술에 비해 알코올 농도가 비교할 수 없이 낮은 것으로, 음료수처럼 사용된 것입니다. 그러나 성경은 그 당시부터 술에 대해 여러 가지 경고를 계속하고 있습니다. 이것은 오늘날 그리스도인이 술을 금해야 하는 이유를 보여주고 있습니다.

■ 술 취함과 □□□함
성경은 술 취함과 방탕함의 관계를 어떻게 설명하고 있습니까?

엡 5:18　술 취하지 말라 이는 방탕한 것이니 오직 성령으로 충만함을 받으라
눅 21:34　너희는 스스로 조심하라 그렇지 않으면 방탕함과 술 취함과 생활의 염려로 마음이 둔하여지고 뜻밖에 그 날이 덫과 같이 너희에게 임하리라
갈 5:21　투기와 술 취함과 방탕함과 또 그와 같은 것들이라 전에 너희에게 경계한 것 같이 경계하노니 이런 일을 하는 자들은 하나님의 나라를 유업으로 받지 못할 것이요

당신은 술에 취할 때 방탕해질 수 있는 위험성을 절감합니까?
위의 구절들은 방탕함의 결과가 무엇이라고 말하고 있습니까?

세상은 술 못 마시는 사람을 조롱하고 비웃을지 모릅니다. 그러나 성경은 분명히 말씀합니다.
잠 20:1　포도주는 거만하게 하는 것이요 독주는 떠들게 하는 것이라 이에 미혹되는 자마다 지혜가 없느니라

## 3. 신자의 삶

### 1) 신자의 선택

고전 10:31　그런즉 너희가 먹든지 마시든지 무엇을 하든지 다 하나님의 영광을 위하여 하라
우리는 자신의 것이 아닙니다. 그러므로 먹든지 마시든지 무슨 일을 하든지 다 □□□의 기쁨을 위해서 해야 합니다.

고전 8:9 그런즉 너희의 자유가 믿음이 약한 자들에게 걸려 넘어지게 하는 것이 되지 않도록 조심하라

우리는 자신을 위해서 사는 사람이 아니라 ☐☐의 유익을 위해서 사는 사람입니다. 우리가 술을 먹어도 스스로 자제할 수 있다고 할지 모르지만 믿음이 약한 사람이 그것을 보고 실망하거나 혹은 자신도 따라함으로 실족할 수 있음을 항상 염두에 두어야 합니다.

2) 신자의 삶

고후 7:1 그런즉 사랑하는 자들아 이 약속을 가진 우리는 하나님을 두려워하는 가운데서 거룩함을 온전히 이루어 육과 영의 온갖 더러운 것에서 자신을 깨끗하게 하자

롬 12:2 너희는 이 세대를 본받지 말고 오직 마음을 새롭게 함으로 변화를 받아 하나님의 선하시고 기뻐하시고 온전하신 뜻이 무엇인지 분별하도록 하라

이 시대 대부분의 청소년이 음주를 하고 있다는 이유로 음주를 정당화해서는 안 됩니다. 하나님은 우리의 영뿐 아니라 우리의 몸도 거룩한 제사로 받기 원하십니다(롬 12:1).

 나의 이야기

■ 술을 권하는 친구들을 향해 내가 해야 할 말들을 정리해 봅시다.

■ 나의 금주 서약을 기록해 봅시다.

> ### 나의 금주 서약

# 새 술과 성령

성령님은 우리 마음이 기쁨의 춤을 추게 하십니다.

사람들이 성령 받은 초대교회 성도들을 보고 한 첫 번째 평가는 "저 사람들 새 술에 취했구나"였습니다.

대천덕 신부님이 마을 노인들과 함께 효도관광을 가셨는 데 소주를 마시고 흥이 나신 할머니, 할아버지들이 버스 통로에 다들 나와 노래하고 춤을 추고 있었습니다. 신부님이 "왜 그렇게 기쁘십니까?"하고 물으니 그분들은 "그냥 지금까지 살아 있어서 기쁘죠"하고 대답했습니다. 그래서 대 신부님도 그분들 틈에 끼어 즐겁게 춤을 추었습니다.

얼쑤!

그분들이 신기해서 "야! 술을 안 먹고도 춤을 출 수 있네요?"하고 묻자 대 신부님은 "예, 성령을 받은 사람은 언제든지 춤을 출 수 있어요"라고 대답했다고 합니다.

우리가 정말 성령의 위로와 사랑을 받게 되면 춤추고 손뼉치고 싶은 마음이 절로 생겨납니다.

어떤 사람들은 손뼉 치지 않고 그냥 점잖게 앉아 있는 것이 경건이라고 오해합니다. 그러나 정상적인 감정의 저하는 죄가 우리에게 안겨다 준 가장 큰 재난의 하나일 뿐입니다.

성령님은 우리의 영혼의 창문에 지극히 작은 바람에도 아름다운 멜로디가 흘러나오는 풍금을 설치해 주십니다. 그래서 성령을 받은 사람은 언제든지 노래 부를 수 있습니다.

# 충고 잘 듣기

사람됨의 표시가 뚜렷이 나타나는 때는 다른 사람이 병에 걸렸거나 슬픔을 당했을 때가 아닙니다. 이럴 때 위로하고 격려하는 것은 어쩌면 당연합니다.

그 사람의 진짜 모습이 드러나는 것은 다른 사람에게 한마디라도 충고를 들었을 때입니다. 성숙한 사람은 다른 사람의 충고에 대해 "예, 제 잘못입니다" "앞으로 조심하겠습니다" "좋은 충고 감사합니다"라는 말로 기분 좋게 받아들일 수 있습니다. 또한, 충고하는 상대방을 진심으로 믿고 존중한다면 비록 그에게 오해가 있어서 잘못된 충고를 한다 하더라도 겸손한 마음으로 받아들일 수 있습니다. 잔소리와 충고를 받아들이는 태도는 그 사람의 인격의 척도입니다.

## 마음열기

요즘 다른 사람에게서 충고를 들은 적이 있습니까? 그때 나의 태도나 마음가짐은 어떠했습니까?

 생각하기

## 1. 충고 받는 것의 중요성

성경은 충고를 듣는 것이 칭찬 듣는 것보다 낫다고 말합니다.

전 7:5 지혜로운 사람의 책망을 듣는 것이 우매한 자들의 노래를 듣는 것보다 나으니라

그 이유는 충고는 영혼이 성장할 수 있는 지혜를 주기 때문이며, 반대로 충고를 받아들이지 않으면 자기 영혼을 초라하게 만들게 되기 때문입니다.

그러므로 충고를 받아들이는 것이야말로 겸손의 표시이며 지혜로운 자세입니다.

잠 15:32 훈계 받기를 싫어하는 자는 자기의 영혼을 경히 여김이라 견책을 달게 받는 자는 지식을 얻느니라

잠 13:10 교만에서는 다툼만 일어날 뿐이라 권면을 듣는 자는 지혜가 있느니라

## 2. 충고를 통해 말씀하시는 ☐☐☐

하나님은 우리의 환경이나 상황 등 모든 것을 통해서 우리에게 충고하실 수 있습니다. 심지어 잘못된 길로 가고 있던 발람이라는 선지자에게는 나귀를 통해서도 충고하셨습니다(민 22:28). 하지만, 하나님께서 가장 많이 사용하시는 방법은 사람의 충고를 통해

서 말씀하는 것입니다.

1) 잠 15:5　아비의 훈계를 업신여기는 자는 미련한 자요 경계를 받는 자는 슬기를 얻을 자니라
잠 13:1　지혜로운 아들은 아비의 훈계를 들으나 거만한 자는 꾸지람을 즐겨 듣지 아니하느니라
□□□의 충고를 통해서 하나님은 많은 말씀을 하십니다.

2) 잠 27:9　기름과 향이 사람의 마음을 즐겁게 하나니 친구의 충성된 권고가 이와 같이 아름다우니라
잠 27:6　친구의 아픈 책망은 충직으로 말미암는 것이나 원수의 잦은 입맞춤은 거짓에서 난 것이니라
□□를 통해서 하나님은 우리에게 말씀하십니다.

3) 히 13:17　너희를 인도하는 자들에게 순종하고 복종하라 그들은 너희 영혼을 위하여 경성하기를 자신들이 청산할 자인 것 같이 하느니라 그들로 하여금 즐거움으로 이것을 하게 하고 근심으로 하게 하지 말라 그렇지 않으면 너희에게 유익이 없느니라
특별히 하나님은 교회의 지도자들을 통해서 우리에게 말씀하십니다.

4) 벧전 5:5　젊은 자들아 이와 같이 장로들에게 순종하고 다 서로 겸손으로 허리를 동이라 하나님은 교만한 자를 대적하시되 겸손한 자들에게는 은혜를 주시느니라
벧전 2:13-14　인간의 모든 제도를 주를 위하여 순종하되 혹은 위에 있는 왕이나 혹은 그가 악행하는 자를 징벌하고 선행하는 자를 포상하기 위하여 보낸 총독에게 하라
그뿐만 아니라 하나님은 모든 사람들을 통해서 우리를 바르게 하십니다.

### 3. 충고를 받을 때의 주의점
사람의 충고를 하나님의 말씀으로 생각하고 반성하는 자세가 필요합니다.

히 12:5　또 아들들에게 권하는 것 같이 너희에게 권면하신 말씀도 잊었도다 일렀으되 내 아들아 주의 징계하심을 경히 여기지 말며 그에게 꾸지람을 받을 때에 낙심하지 말라

그 말로 인해 낙심하지 말고 그 상한 마음을 가지고 하나님께 나아가세요.

호 6:1  오라 우리가 여호와께로 돌아가자 여호와께서 우리를 찢으셨으나 도로 낫게 하실 것이요 우리를 치셨으나 싸매어 주실 것임이라

사람의 충고에 너무 지나치게 신경을 쓰는 것은 어리석은 일입니다. 왜냐하면, 당신을 포함하여 사람은 누구나 다른 사람의 말을 안 좋게 하는 경향이 있기 때문입니다.

전 7:20~22  선을 행하고 전혀 죄를 범하지 아니하는 의인은 세상에 없기 때문이로다 또한 사람들이 하는 모든 말에 네 마음을 두지 말라 그리하면 네 종이 너를 저주하는 것을 듣지 아니하리라 너도 가끔 사람을 저주하였다는 것을 네 마음도 알고 있느니라

 나의 이야기

■ 나에게 가장 많은 충고를 하고 있는 세 사람은 누구입니까?

■ 앞으로 어떤 자세로 그들의 충고를 받아들이기로 결심하십니까?

정답 | ①하나님 ②부모님 ③친구

# 건강한 훈계

한쪽 팔이 없는 장애인으로 일본 사법고시에 합격한 재일교포 백승호 씨의 이야기입니다.

6살 때 교통사고로 장애인이 된 그가 퇴원하는 날, 아버지는 이렇게 말씀하셨습니다.

"승호야, 실망하지 마라. 몸으로 하는 일은 어렵더라도 머리로 하는 일은 얼마든지 할 수 있잖니!"

성치 않은 몸이었으나 백승호 씨는 늘 밝고 명랑했습니다. 그러나 가끔 외팔이라는 아이들의 놀림에 눈물을 보이기도 했습니다.

그러면 어머니는 이렇게 말씀하셨습니다.

"받아들일 것은 받아들여야 해. 아이들이 네 마음을 아프게 했지만 거짓말은 아니잖니. 그러나 용기와 자존심은 잃으면 안 된다."

그 후 법대에 들어가 본격적인 사법고시 준비를 하게 된 백승호 씨는 혹시 한국인이라는 이유로 차별을 당해 시험에 떨어지지 않을까 걱정했습니다.

이것을 알고 그의 아버지는 이렇게 꾸짖었습니다.

"최선을 다한다면 못할 일은 없다. 결과에 대한 걱정은 시간 낭비일 뿐이다."

마침내 여덟 번째 도전한 시험에서 백승호 씨의 이름이 합격자 명단에 올랐습니다.

밝고 건강한 부모님의 훈계는 그가 길고 험난한 자신과의 싸움에서 이길 수 있었던 가장 큰 힘이었습니다.

먼저읽기

# 뉴에이지

오늘날 문화 흐름의 배후에는 새 시대(NEW AGE) 운동이라는 거대한 반기독교적인 사조가 숨어 있습니다. 새 시대 운동은 죄도, 천국이나 지옥도 부인하고 인간이 정신계발을 통해 신이 될 수 있다는 생각에 기반을 두고 있습니다. 그리고 저들은 세계종교를 하나로 통합하고, 세계국가를 단일정부로 구성함으로 종교분쟁이나 빈부격차, 전쟁과 테러가 없는 유토피아를 이룰 수 있다고 주장합니다. 이와 같은 새 시대 운동은 음악이나 영화, 요가나 마음수련, 명상서적, 음식문화, 과학 등 삶의 모든 부분을 통해 그 사상을 전파하고 있습니다. 하지만, 교회는 이 같은 사상의 위협에 대해 거의 모르고 있으며, 우리 청소년들은 여기에 대해 무방비로 노출되어 있습니다.

## 마음열기

뉴에이지하면 떠오르는 것에는 어떤 것이 있습니까? 내가 알고 있는 뉴에이지의 위험성은 무엇입니까?

 생각하기

### 1. 새 시대 운동

21세기가 시작되었습니다. 하지만, 세계는 핵무기경쟁, 도처의 기아, 생태계의 파괴, 정치적 불안정 등 우리의 숨통을 조이는 문제들이 산적해 있습니다. 21세기를 진정한 새 시대로 만들기 위해서 다음과 같은 것이 필요하다고 주장하는 사람들이 있습니다.

- 인간 속에 내재해 있는 신성을 일깨울 때 새 시대가 열릴 것이다. 인간이야말로 모든 것을 할 수 있는 무한한 존재다.
- 진리는 하나로 통한다. 모든 진리가 하나가 될 때 분열이나 전쟁은 사라질 것이다.
- 자연은 경외의 대상이다. 자연을 파괴하면 자연이 인간을 파멸시킬 것이다.
- 이제 물질보다는 정신적인 면을 강조해야 한다. 정신계발을 위해서는 더욱 직접적인 영적 체험이 필요하다.

당신은 위에 나온 각각의 주장에 대해 어떻게 생각하십니까?

## 2. 뉴에이지의 위험성

위의 내용들은 뉴에이지 운동에서 주장하는 것들입니다. 이것은 겉으로는 그럴듯해 보입니다. 하지만, 사실 이는 광명한 천사를 가장한 사단의 음성에 지나지 않습니다(고후 11:14).

위의 주장들이 내포하고 있는 실제적인 내용은 다음과 같습니다.

1) "인간은 [ ]이 될 수 있다."

창 3:4-5 뱀이 여자에게 이르되 너희가 결코 죽지 아니하리라 너희가 그것을 먹는 날에는 너희 눈이 밝아져 하나님과 같이 되어 선악을 알 줄 하나님이 아심이니라

이것은 태초부터 있어온 사단의 거짓말에 불과합니다.

2) "모든 종교는 [ ]로 통합되어야 한다."

행 4:12 다른 이로써는 구원을 받을 수 없나니 천하 사람 중에 구원을 받을 만한 다른 이름을 우리에게 주신 일이 없음이라 하였더라

각 종교들이 인격도야에 도움이 되는 것은 사실입니다. 그러나 구원에 이를 수 있는 진리는 오로지 하나밖에 없습니다.

성경에서는 모든 종교를 하나로 묶으려는 이 같은 움직임이 적그리스도 활동의 근거가 되며, 평화는커녕 인류역사상 유례없는 인권탄압을 가져오게 될 것을 경고하고 있습니다.

3) "자연을 비롯한 만물은 모두 [ ]이다."

롬 1:25 이는 그들이 하나님의 진리를 거짓 것으로 바꾸어 피조물을 조물주보다 더 경배하고 섬김이라 주는 곧 영원히 찬송할 이시로다 아멘

이것은 힌두교의 범신론에서 영향 받은 사상으로 피조물을 신격화하는 우상숭배입니다. 하나님이 창조하신 자연은 사랑하고 소중히 지켜야 하지만 결코 그것이 숭배의 대상이 되어서는 안 됩니다.

4) "강신술, 점성술, 주술행위를 즐기라."

신 18:10-12 그의 아들이나 딸을 불 가운데로 지나게 하는 자나 점쟁이나 길흉을 말하는 자나 요술하는 자나 무당이나 진언자나 신접자나 박수나 초혼자를 너희 가운데에 용납하지 말라 이런 일을 행하는 모든 자를 여호와께서 가증히 여기시나니 이런 가증한 일로 말미암아 네 하나님 여호와께서 그들을 네 앞에서 쫓아내시느니라

성경은 그리스도의 보호와 지도하심을 떠나 악마의 영적 세계에 다가서지 말라고 경고하고 있습니다.

잘못된 영적 체험은 영혼을 거짓 선지자와 적그리스도에게로 이끕니다(요일 4:1).

### 3. 참 새 시대의 길

뉴에이지 운동은 종교의식으로 전락해진 체험 없는 예배, 물신숭배와 성장 만능주의, 독선과 분열 등 잘못된 기독교가 만든 그늘 때문에 번져나가고 있는 거짓말입니다. 그러나 새 시대는 신자가 그리스도에 대한 참된 믿음을 회복할 때여야만 시작됩니다.

고후 5:17 그런즉 누구든지 그리스도 안에 있으면 새로운 피조물이라 이전 것은 지나갔으니 보라 새 것이 되었도다

그리고 새 시대의 완성은 오직 하나님으로 말미암는 것입니다.

계 21:5 보좌에 앉으신 이가 이르시되 보라 내가 만물을 새롭게 하노라 하시고 또 이르시되 이 말은 신실하고 참되니 기록하라 하시고

 나의 이야기

■ 오늘 공부를 통해서 알게 된, 최근에 본 TV나 영화 등에 담겨있는 뉴에이지적인 메시지는 무엇인지 나누어 봅시다.

■ 뉴에이지의 거짓말을 이기기 위해 내 삶 속에 회복되어야 할 바른 신앙의 모습은 어떤 것들인지 생각해 봅시다.

# 오래된 거짓말

뉴에이지 운동가들이 새 시대를 열기 위한 방법으로 새롭게 제시하고 있는 주장들은 사실 에덴동산에서 뱀이 써먹은 오래된 거짓말의 되풀이에 지나지 않습니다.

그들은 자만심에 가득 찬 인간들에게 자신의 잠재력 계발로 신이 될 수 있다고 유혹합니다. 하지만, 겨우 코끝에 호흡이 있고(사 2:22) 죄로 말미암아 질병과 죽음을 맞을 수밖에 없는 인간은 결코 하나님이 될 수 없습니다.

또한, 그들은 인간의 '의식의 진보'로 완전한 유토피아 건설이 가능하다고 선전하고 있습니다. 하지만, "만물보다 거짓되고 심히 부패한 마음"(렘 17:9)을 가진 이기적인 인간은 결코 새로운 세계를 열 희망의 원천이 될 수 없습니다.

새 시대를 여는 유일한 방법은 어제나 오늘이나 변함없이 동일한 진리의 말씀 속에 있습니다.

예수 그리스도의 십자가와 부활은 자기중심적인 인간 의 죄성을 완전히 뒤집어 놓는 내적 혁명을 일으킵니다.

"그런즉 누구든지 그리스도 안에 있으면 새로운 피조물이라 이전 것은 지나갔으니 보라 새 것이 되었도다"(고후 5:17).

성령님은 사람들 간에 온전한 교통을 경험하게 하고 개인과 사회의 변혁을 이루는 능력을 주십니다.

그리고 그때 하나님은 드디어 모든 사람이 꿈꾸어 온 새 하늘과 새 땅의 위대한 꿈을 온전히 이루어 주 실 것입니다.

"보라 내가 새 하늘과 새 땅을 창조하나니 이전 것은 기억되거나 마음에 생각나지 아니할 것이라 너희는 내가 창조하는 것으로 말미암아 영원히 기뻐하며 즐거워할지니라 보라 내 가 예루살렘을 즐거운 성으로 창조하며 그 백성을 기쁨으로 삼고 내가 예루살렘을 즐거워 하며 나의 백성을 기뻐하리니 우는 소리와 부르짖는 소리가 그 가운데에서 다시는 들리지 아니할 것이며"(사 65:17-19).

# 좋은 자녀되기

 마음열기

학교, 교회에서의 내 모습과 가정에서의
내 모습은 어떠합니까? 다른 점이 있
다면 말해봅시다.

---

먼저읽기

지금 우리는 예배당 중심의 신앙생활을 하고 있습니
다. 그래서 대부분의 사람은 예배당에만 오면 으레
거룩하고 사랑이 많은 것처럼 행동합니다.
그러나 하루에 적어도 8시간은 있어야 하는 가정에
서의 모습은 교회에서 보는 것과 상반되는 경우가
많습니다. 심지어 예배당만 벗어나면 불신자와 전혀
구분이 안 되는 신자도 얼마나 많은지 모릅니다.
태초의 예배당은 가정이고, 태초의 예배는 일상의
삶이었습니다. 우리는 이제 가정을 다시 본래의 위
치에 가져다 놓아야 합니다.

---

 생각하기

## 1. 소중한 선물 – ☐ ☐

부모는 하나님께서 우리에게 필요한 사랑과 용납, 안정감과 보살핌, 영육간의 성장과
필요한 물질을 값없이 공급해 주시도록 사명을 주어 보내신 가장 큰 선물입니다.

　1) 지금까지 부모님에게 거저 받은 것은 무엇입니까? 한번 생각해 봅시다.


　2) 하나님 외에 우리가 이보다 엄청난 것을 거저 받은 대상이 또 있습니까?



　그러므로 하나님은 단호하게 부모공경을 명령하셨고, 귀한 선물인 부모에게 잘못하
는 것을 심히 노여워하십니다.
　신 27:16 그의 부모를 경홀히 여기는 자는 저주를 받을 것이라 할 것이요 모든 백성
은 아멘 할지니라

## 2. ☐☐ 의 당연한 의무 – 부모 공경

성경은 부모 공경을 해야 하는 이유에 대해 무엇이라고 말하고 있습니까?

### 1) 주님을 기쁘시게 하는 길

골 3:20  자녀들아 모든 일에 부모에게 순종하라 이는 주 안에서 기쁘게 하는 것
이니라

### 2) 예수님이 친히 보여주신 본

요 19:26-27  예수께서 자기의 어머니와 사랑하시는 제자가 곁에 서 있는 것을 보
시고 자기 어머니께 말씀하시되 여자여 보소서 아들이니이다 하시고 또 그 제자에
게 이르시되 보라 네 어머니라 하신대 그 때부터 그 제자가 자기 집에 모시니라
예수님은 십자가 고통 속에서도 마지막까지 육신의 어머니를 염려하셨습니다.

### 3) 십계명 중 복을 약속하신 첫 계명

엡 6:2-3  네 아버지와 어머니를 공경하라 이것은 약속이 있는 첫 계명이니 이로
써 네가 잘되고 땅에서 장수하리라

## 3. 부모 공경의 길

### 1) ☐☐ 잘 듣기

잠 13:1  지혜로운 아들은 아비의 훈계를 들으나 거만한 자는 꾸지람을 즐겨 듣
지 아니하느니라

부모님의 입장에서 생각하면 잔소리처럼 들리는 훈계가 많은 부분 이해될 것입니
다. 어떤 훈계는 정말 부당할 수도 있습니다. 하지만, 그때도 반항하기에 앞서
받아들이려고 노력하거나 바람직한 방법으로 개선하려고 애를 써야 합니다.
만약 그렇지 않고 반항만 한다면 나중에 당신이 부모가 되었을 때는 어떻게 해
야 좋은 부모가 되는지 모르게 될 것입니다.

### 2) ☐☐ 하기를 배우기

딤전 5:4  만일 어떤 과부에게 자녀나 손자들이 있거든 그들로 먼저 자기 집에서
효를 행하여 부모에게 보답하기를 배우게 하라 이것이 하나님 앞에 받으실 만한
것이니라

지금까지 부모님에게 받기만 하던 태도를 버리고 작은 일에서라도 보답하기를
배우십시오. 귀가하시는 부모님께 제일 먼저 뛰어나가 반갑게 인사를 한다거나
자발적으로 설거지나 자기 방 청소를 하는 일, 자기 생일 때 지금까지 낳아주시
고 길러주신 부모님께 작은 선물을 해드리는 것 등의 작은 섬김은 부모님을 크
게 감동시킵니다.

### 3) 부모님 즐겁게 해드리기

잠 23:25  네 부모를 즐겁게 하며 너를 낳은 어미를 기쁘게 하라

언제 여러분의 부모님이 가장 즐거워하셨습니까?

먼저, 여러분의 본분에 충실하십시오. 그것이 현재 부모님의 은혜에 보답할 수 있는 가장 좋은 선물입니다. 그리고 당연하게 생각해 온 부모님의 사랑에 대해 감사를 표현하세요. 또 부모님과 이야기하기 위해 시간을 내십시오.

 나의 이야기

■ 내가 가장 싫어하는 부모님의 훈계는 무엇입니까? 이제 그 훈계에 대해 어떻게 행동하기로 결심하십니까?

■ 내가 부모님께 보답하기를 배우기 위해 부모님을 기쁘시게 할 수 있는 구체적인 일들을 생각해 봅시다.

정답 | ①부모 ②자녀 ③훈계 ④보답

# 작은 실천 큰 열매

남미의 한 목사님의 이야기입니다.

목사님은 연로하신 어머니에게 전화를 걸어 이렇게 말씀드렸습니다.

"어머니, 저희 집에 오셔서 며칠 묵고 가세요. 앞으로는 매달 그렇게 하셨으면 좋겠어요. 그러시면 그 기간 동안 적어도 하루는 꼭 제가 운전사 노릇을 할게요. 아침부터 저녁까지 어머니가 가고 싶은 곳이라면 어디든지 모셔드리겠습니다."

어머니는 기뻐하시면서 네 명의 이모들도 함께 가면 어떻겠느냐고 물으셨습니다. 목사님은 어머니의 뜻에 흔쾌히 찬성했습니다. 대신 목사님은 집에 와서는 아무 전도도 하지 말고 그냥 일이 되어가는 걸 지켜보라고 말씀드렸습니다. 이모들은 어머니로부터 몇 차례 복음을 들은 터였지만 아직 그리스도인이 되지 못한 상태였습니다. 어머니와 이모들은 자신들이 어린 시절을 보낸 곳에 가보고 싶어했습니다. 그곳은 차로 세 시간 거리의 코스였습니다. 도심을 벗어나서 시골길에 들어서자 그분들은 탄성을 질렀습니다. 이윽고 옛날 집에 도착하자 이모들은 옛 기억이 새록새록 되살아나는 듯 추억에 젖어 말했습니다.

"여기서 어머니가 옆집 아주머니와 말씀을 나누곤 하셨지", "어머니는 저길 걷기를 좋아하셨어" 그리고는 한 번씩 눈물을 닦으셨습니다. 참으로 흐뭇한 시간이었습니다.

"네 아들은 어쩜 저렇게 착실하니? 우리 아이들은 한 번도 우리를 데리고 이런 곳으로 나와 본 적이 없어!"

친척들은 목사님의 어머니에게 칭찬을 하시면서 목사님께 아무도 하려 하지 않는 일을 하는 이유가 뭐냐고 물으셨습니다. 목사님은 간단히 하나님께서 부모님을 공경하라고 가르쳐주셨기 때문이라고 대답했습니다. 저녁이 되어 집으로 돌아오는 차 안에서 이모들은 모두 주님을 영접하게 되었습니다. 목사님께서 한 일이라곤 그저 성경의 간단한 명령 하나를 실천한 것뿐입니다. 그런데 네 명의 영혼을 구원하는 열매를 맺은 것입니다.

♥ memo

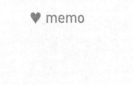
memo

# 저 | 자 | 소 | 개

 권지현(kjhgtm@empal.com)

지티엠의 대표이며 다음세대교회 담임목사로 있습니다. 청소년 신앙지「왕의 아이들」 발행인과 두란노서원「예수나라」편집장을 역임했으며, 현재「세계를 품는 경건의 시간 GT」의 편집인과「주니어 GT, 주티」의 발행인으로 집필을 담당하고 있습니다. 코스타 와 유스 코스타의 강사로 섬기고 있으며, 청소년 성경공부 교재 〈글로벌틴〉시리즈와 장년 성경공부교재 〈스파크 셀양육〉시리즈를 집필하고 있습니다.

## 십대생활 다듬기 2 ✿ 십대2

초판 | 2001. 11. 1
개정판 발행 | 2007. 11. 12
개정판 18쇄 | 2016. 3. 2
지은이 | 권지현
발행처 | 지티엠
등록 | 제10-0763호
　　서울시 광진구 구의동 253-36 3층 GTM
영업 | (02)453-3848 FAX 453-3836
전화 | (02)453-3818
팩스 | (02)453-3819
총판 | 기독교출판유통 (031)906-9191~4
표지디자인 | 이기흔
디자인 | GTM 디자인실
편집 | GTM 편집부
일러스트 | 이원상

www.gtm.or.kr
ISBN 89-85447-54-8
ISBN 978-89-85447-54-6